www.ingramcontent.com/pod-product-compliance
Lightning Source LLC
Chambersburg PA
CBHW080958170526
45158CB00010B/2836
9781095403037